Résolution de conflits pour débutants

Résoudre les conflits au quotidien, dans les relations et au travail

Comment identifier les conflits potentiels et résoudre les conflits de manière ciblée

Matthias Ernst

CONTENU

Résolution des conflits au quoti-dien

CE QUI VOUS ATTEND DANS CE LIVRE

Que ce soit dans la vie de tous les jours ou dans la vie professionnelle, il existe un potentiel de conflit lorsque des personnes et des caractères différents se rencontrent. Vous arrive-t-il souvent de vous retrouver dans des situations où vous vous disputez plus longtemps à cause de petites disputes ou où vous ne parvenez pas à faire valoir vos intérêts ? Cela met-il en danger vos relations avec les personnes auxquelles vous tenez ou avec lesquelles vous avez une relation de dépendance ? Vous sentez-vous moins éduqué ou moins éloquent que vos interlocuteurs après une discussion ? Vous n'avez pas à le faire. Ce livre vous aide à résoudre facilement et rapidement ces désaccords, disputes et discussions interpersonnelles, de sorte que vous puissiez faire valoir votre point de vue avec modération, sans nuire durablement à vos relations avec les autres. Il est tout à fait naturel de se retrouver dans de telles situations et, comme nous l'avons tous vécu, elles peuvent rapidement devenir plus bruyantes et plus chargées émotionnellement. Dans ce cas, la faute ne vous incombe pas. Néanmoins, il est possible d'éviter cela en quelques étapes simples et de sortir malgré tout satisfait et confiant du conflit.

Les pages suivantes vous présentent la problématique et vous informent sur les recherches actuelles dans le domaine de la résolution des conflits, illustrées par des exemples réalistes. Vous trouverez ensuite un résumé de ce que vous pouvez en tirer, puis une orientation courte et facile à retenir qui vous permettra d'obtenir des résultats positifs au quotidien.

POURQUOI LA RÉSOLUTION DES CONFLITS EST-ELLE SI IMPORTANTE ?

Chaque fois que vous entrez en conflit, vous perdez une occasion d'extraire une valeur ajoutée de la conversation. En effet, même une conversation sans intérêt pour vous a au moins le mérite de vous divertir. La plupart des conversations vous permettent de tirer une leçon, de nouvelles connaissances ou des perspectives alternatives. Il est également possible d'apprendre des choses sur soi-même, de s'entraîner à argumenter, de se débarrasser de ses idées fausses, de ses préjugés ou de ses lacunes. Dans certains conflits, des relations, des accords commerciaux ou des finances sont même en jeu. Mais tout cela vous échappe si vous vous lancez dans un conflit et que vous ne parvenez pas à le résoudre.

Il est également évident que tous les conflits ne peuvent pas être évités et qu'il ne serait pas judicieux de les éviter systématiquement, car cela ne vous apporterait aucune valeur ajoutée. Il est donc essentiel de trouver des moyens de résoudre les conflits et de récolter la valeur ajoutée potentielle. Toutefois, la volonté et l'affirmation de soi ne suffisent pas. A long terme, il peut être tout aussi préjudiciable d'insister sur chaque dispute et de la laisser perdurer jusqu'à ce que l'autre cède, que de toujours céder soi-même. Cela pourrait nuire aux relations à long terme et vous mettre à l'écart. Trouver le juste milieu entre la désescalade et le ciblage vous aidera durablement dans tous les domaines de la vie. Vous pourrez ainsi sortir de toute situation houleuse avec le résultat souhaité et toutes les parties se sentiront bien. Cela fait de la résolution des conflits une compétence essentielle dans les relations sociales avec les autres.

COMPRENDRE LA PROBLÉMA-TIQUE

Pour comprendre comment résoudre un conflit, il est utile de comprendre comment des conversations souvent banales et calmes peuvent se transformer en une dispute enflammée. Pour cela, il suffit de regarder son propre comportement. L'être humain a tendance à être convaincu de ses points de vue et à ne pas les remettre en question sans raison. Il est donc souvent inimaginable, voire frustrant, qu'une autre personne ait une opinion différente. Il est fort probable qu'il soit tout aussi convaincu de lui-même et que les fronts se durcissent. Lorsqu'une discussion devient personnelle, il est souvent impossible d'éviter les émotions. L'orgueil et l'entêtement peuvent s'y ajouter et empêcher les parties de s'éloigner de leur point de vue. Le fait d'avoir déjà eu des ressentiments à l'égard de l'autre personne peut également entraîner des préjugés et des opinions négatives à son égard.

Enfin, le volume sonore joue également un rôle, car dans ces situations, il augmente en spirale et détourne de plus en plus l'attention du sujet principal. Comme vous pouvez le constater, il suffit de peu pour jeter les bases d'une dispute. Le sujet peut aller des préférences à l'équipe de sport, en passant par la politique, l'économie et les négociations salariales au travail. Vous pouvez appliquer ce que vous avez appris ici à n'importe quel sujet.

Il faut donc retenir tout d'abord que l'origine des conflits réside le plus souvent dans sa propre subjectivité, qui l'empêche de considérer la situation de manière objective. En l'occurrence, plus le conflit est vif, moins les acteurs sont rationnels. Il s'agit d'un cercle vicieux qui peut engendrer un grand potentiel de conflit dans toutes les conversations possibles et imaginables. Dès que l'on se concentre moins sur le sujet lui-même que sur la personne qui se cache derrière, la dispute est inévitable. Dans la vie de tous les jours, vous reconnaîtrez ce schéma dans les discussions sur votre équipe de sport préférée ou autre, où les gens sont subjectifs dès le début de la conversation en raison de leur sympathie. Dans la vie professionnelle, cela peut être observé dans les discussions critiques avec le supérieur hiérarchique. Lorsque nous sommes confrontés à nos propres lacunes, nous avons tendance à adopter automatiquement une position défensive, à devenir moins réceptifs et à rejeter toute critique, même fondée. Cela empêche non seulement une culture de la discussion saine, mais aussi une bonne occasion de réfléchir et éventuellement même d'éliminer des erreurs.

Ce guide ne vous aidera pas nécessairement à éviter les conflits, même si les méthodes présentées ici peuvent certainement vous être utiles dans ce domaine. Ce guide vous montre comment il est possible de résoudre un conflit déjà né sans pertes. Vous êtes donc engagé dans une discussion intense, vous vous disputez depuis des semaines avec votre collègue de travail ou vous n'arrivez tout simplement pas à convaincre votre patron de vous accorder une augmentation de salaire. Des choses ont déjà été dites qui ont touché l'autre personnellement, et vous avez déjà tellement investi pour convaincre l'autre que vous ne voulez plus vous rétracter. Les deux parties sont bloquées. C'est là que réside le cœur du problème : comment résoudre une telle situation ? Vous ne voulez pas perdre la face et, de préférence, veut aussi le résultat espéré. Or, votre interlocuteur poursuit le même objectif. La fierté, la subjectivité, la frustration et l'antipathie des participants ont un effet exactement opposé.

Si cela continue, le conflit s'intensifie et les deux parties perdent plus que ce qui était en jeu au départ. Une situation dont les deux parties peuvent tirer profit, comme une conversation pour passer le temps, devient rapidement une situation dont les deux parties souffrent. On peut faire ici une comparaison avec une partie de poker.

Il s'agit de déterminer si l'on abandonne sa mise et si l'on perd, mais si l'on conserve ses jetons restants, ou si l'on fait tapis et si l'on peut alors tout gagner ou tout perdre. Les parallèles s'arrêtent là, car il n'est pas du tout utile d'aborder l'interaction humaine comme un jeu de cartes cachées et d'astuces. L'analogie avec le poker met toutefois en évidence la complexité de la situation. Comment résoudre ce conflit ?

CONCEPTS DE
RÉSOUDRE LES PROBLÈMES

Pour y répondre, ce guide aborde d'abord la question de manière abstraite, en vous expliquant les théories et les méthodes, avant de les appliquer concrètement et clairement dans la vie réelle, tout comme vous pourrez le faire après avoir lu ce livre. Mais revenons d'abord aux problèmes à surmonter : il y a un conflit d'intérêts entre les deux parties, l'émotion est en jeu, ce qui empêche d'avoir une vision objective de la situation et ne fait que l'envenimer.

De l'autre côté, il y a les objectifs. Quel est le résultat final que vous souhaitez obtenir du conflit ? Vous voulez probablement vous réconcilier avec votre interlocuteur, mais vous voulez aussi souvent obtenir ce pour quoi vous avez commencé à discuter - une augmentation de salaire, une faveur ou autre. Dans les conflits d'opinion, vous vous souciez davantage de ne pas avoir l'air stupide et d'avoir raison, voire de convaincre l'autre. Pour que ces intérêts - harmonie et gain pour vous - soient compatibles, il existe une solution souhaitée, souvent considérée comme utopique : la situation gagnant-gagnant. Les deux parties sortent gagnantes du conflit. Au cours de ce livre, vous découvrirez toutefois que cela est plus souvent possible qu'on ne pourrait le penser au premier abord.

Le concept de Harvard

C'est sur cette idée que se fonde le concept de Harvard. Il s'agit d'une méthode de résolution des conflits qui a fait ses preuves au niveau international et qui est principalement utilisée dans les litiges juridiques afin d'éviter un conflit devant les tribunaux. Elle a été développée en 1981 par Roger Fisher et William Ury, qui se sont inspirés du Harvard Negotiation Project de l'université de Harvard, d'où son nom. Il se base sur des solutions simples, applicables dans un contexte professionnel, quel que soit le litige, et tente en 5 étapes de faire en sorte que les parties en conflit puissent toutes deux tirer profit du différend.

Tout d'abord, il convient de présenter la structure de cette méthode et vous remarquerez déjà que les problèmes et les origines d'un conflit que nous avons identifiés précédemment s'y retrouvent et qu'ils sont spécifiquement contrés. Le premier point de l'approche de Harvard est de "séparer l'homme du problème". Cela signifie que vous devez éviter de projeter vos sentiments concernant un problème ou une question sur la personne qui se trouve derrière. Il est inutile et encore moins bénéfique de diaboliser votre partenaire de conflit pour ses croyances et ses intérêts.

Au lieu de les faire fusionner, il est plutôt recommandé d'examiner froidement les faits et de laisser d'abord de côté la personne qui en est responsable. Peu importe que cette personne soit naïve, étroite d'esprit, bornée ou responsable du conflit. Tout cela doit être négligé pour le moment. Ne vous attardez donc pas sur la personne elle-même, mais sur ce qu'elle dit et ce qu'elle fait ; n'essayez pas de démontrer des faiblesses de caractère, mais cherchez plutôt des solutions au problème. Mais même dans ce cas, il est recommandé de le faire calmement et avec égards, sinon la personne derrière la conviction peut se sentir attaquée malgré tout.

Cela peut vous sembler difficile au début et, il faut bien l'avouer, souvent contraire à l'intuition humaine, mais cela vous aidera à éliminer très tôt toute virulence inutile de la situation. Car c'est aussi l'objectif de cette première étape : la désescalade. Vous ne vous êtes peut-être pas rapproché de la solution au problème, mais vous avez néanmoins posé les bases nécessaires à une solution objective. En effet, à quoi bon avoir trouvé la solution sur le fond si vous avez tellement énervé votre interlocuteur qu'il ne vous écoute plus et est prêt à vous pousser encore plus loin dans le conflit ? C'est pourquoi l'objectif est d'introduire ou de rétablir une culture de la discussion saine, dans laquelle aucun des participants ne doit se sentir agressé.

Cela permet de ralentir la situation et de lui ôter son caractère émotionnel. En effet, de nombreux conflits s'enveniment précisément lorsque les parties se sentent personnellement attaquées. Vous avez peut-être remarqué que les problèmes d'aversion personnelle, d'entêtement et d'orgueil mentionnés ci-dessus sont ainsi contrés et qu'il est possible d'aborder le contenu de manière rationnelle lors des étapes suivantes.

Qu'est-ce que cela signifie concrètement ? Un exemple permet de mieux comprendre. Vous êtes en conflit avec votre collègue avec lequel vous travaillez sur un projet. Il est totalement réfractaire à la technologie et insiste donc pour que la présentation finale se fasse à l'oral devant des affiches manuscrites. Vous, en revanche, êtes compétent en matière de présentations PowerPoint et savez pertinemment que vous pourriez ainsi communiquer le projet de manière beaucoup plus vivante. Votre collègue se moque de vous pour cette opinion. Séparez donc le point de vue de la personne. Il est tout à fait compréhensible que votre collègue vous en veuille, et c'est là que la première étape commence.

Ne rendez pas votre collègue responsable du conflit et ne déduisez pas son caractère de ses opinions. Approchez la situation de manière objective. Cette première étape se fait en grande partie dans votre tête, aucune critique sur le fait qu'une présentation manuscrite est meilleure ne doit devenir une critique de votre collègue.

Votre collègue n'est pas démodé et obstinément fermé à la technologie, il a simplement ce que vous considérez comme un point de vue démodé sur ce conflit spécifique. Le problème n'est pas une question de génération ou d'attitude, mais simplement une question sur la meilleure façon de faire votre présentation. Il ne sert à rien d'essayer de convertir votre interlocuteur à ce stade, alors considérez le problème et non votre collègue.

Le deuxième point du concept de Harvard va dans le même sens. Il recommande de se concentrer sur les intérêts et non sur les positions. Que veut réellement votre adversaire ? Que voulez-vous réellement ? Comment pouvez-vous répondre à cet intérêt ? Votre intérêt et le sien sont-ils compatibles ? Vous devez vous poser ces questions et ne pas vous attarder sur ses convictions. Regardez donc vers l'avenir et cherchez des solutions constructives au conflit, plutôt que de vous attarder sur des déclarations présentes ou même passées.

En même temps, il ne sert à rien de souligner éternellement ses propres positions, mais il est bien plus utile de faire apparaître l'intention qui les sous-tend et d'expliquer quel est l'objectif. En fin de compte, cela permet d'éviter les escarmouches au niveau idéologique et d'aller directement là où les convictions se reflètent, dans la mesure où les intérêts s'opposent, évitant ainsi les débats inutiles sur le bien et le mal.

L'intention est la même que pour le premier point : s'attarder sur les positions ne fait que créer un potentiel de conflit évitable, il s'agit donc d'une nouvelle désescalade. Les convictions sont souvent fortement enracinées dans la personnalité, de sorte que la critique des convictions peut être perçue comme une critique de la personnalité. Cependant, ce n'est pas seulement l'émotion qui est évitée de cette manière. Il est tout simplement plus efficace en termes de temps d'observer la partie de la croyance qui concerne également l'autre personne. Après tout, l'intérêt repose sur la conviction et c'est la seule chose qui soit pertinente pour un conflit dans ce domaine. Cette perspective orientée vers l'avenir rapproche les parties, surmonte les diffé-rences et cherche une solution basée sur ce que les deux parties veulent, et non sur ce qu'elles pensent.

Prenons maintenant un autre exemple. Vous et un de vos collègues êtes chargés de fournir des moyens de transport au personnel avec un budget alloué. Votre collègue se soucie de l'environnement, il propose donc de payer des billets de train annuels. De votre côté, vous êtes un passionné de voitures, vous refusez catégoriquement de prendre le train et vous pensez qu'il est préférable d'utiliser cet argent pour acheter quatre voitures que vos collègues pourront utiliser librement. Le potentiel de conflit n'est pas loin, puisque vous avez tous deux des points de vue si opposés. Il ne serait donc pas judicieux de se disputer sur le fait de savoir si les voitures sont ou non un péché écologique ou si le train est insuffisant pour les déplacements pro-fessionnels. Concentrez-vous sur vos intérêts respec-tifs et regardez vers l'avenir à la recherche de solutions. L'intérêt de votre collègue est d'offrir des billets de train, vous voulez offrir des voitures.

Cela doit être traité de manière abstraite et n'a rien à voir avec les idéologies relatives à la protection du climat. Ne demandez pas "Comment puis-je convaincre mon employé que protéger le climat en prenant le train n'est pas la bonne solution ?", mais plutôt "Comment puis-je le convaincre que le budget devrait être investi dans des voitures, ou peut-être y a-t-il même un moyen de satisfaire les deux intérêts ? Par exemple, que se passerait-il si les employés pouvaient choisir ou si le budget était partagé ? Les voitures électriques sont-elles une option ? De cette manière, il n'y a pas de débat de fond et une réflexion constructive sur l'avenir de votre budget peut être lancée, avec les deux parties sur la même longueur d'onde.

L'approche de Harvard se poursuit avec la troisième étape : trouver différentes solutions et rechercher celles qui profitent aux deux parties. Alors qu'auparavant, l'accent était mis sur des bases saines, il faut maintenant faire preuve de créativité pour trouver une solution objective. Il s'agit de trouver le plus d'issues possibles au conflit. Bien entendu, la quantité n'est pas le seul critère à prendre en compte. Plus les bénéfices mutuels sont importants, meilleure est l'approche de la résolution du conflit.

La manière la plus rapide de les développer est de laisser libre cours à votre créativité et de noter toutes les idées qui semblent possibles. Il est également utile de garder les deux intérêts à l'esprit, car si votre partenaire y trouve son compte, vous bénéficierez du fait qu'il sera plus coopératif et prêt à faire un compromis. Identifiez donc les intérêts de votre partenaire, ce qui est le plus important pour lui, et cherchez des moyens de lui offrir quelque chose de valeur pour lui, tout en vous permettant d'en tirer profit.

Cette étape est au cœur du concept de Harvard. Il repose sur l'idée qu'un conflit ne doit pas être considéré comme un élément perturbateur, mais plutôt comme une opportunité de coopération et de développement commun. L'objectif est que les deux parties soient gagnantes, ce qui signifie généralement qu'il n'y a plus de conflit potentiel. En ce qui concerne le champ d'application du concept de Harvard dans les litiges contractuels de droit international privé, une variante se distingue particulièrement pour les bénéfices mutuels : l'élargissement du gâteau. Dans ce type de litige, les deux parties, souvent des entreprises, au lieu d'intenter une action en justice pour une somme d'argent, conviennent de recevoir des parts de l'autre, de réaliser des bénéfices en travaillant ensemble ou de créer de la valeur d'une autre manière qui leur sera profitable à long terme. Il peut s'agir d'investissements dans des projets communs ou du soutien d'autres entreprises qui aident les deux parties.

Il n'est pas nécessaire que la résolution du problème concerne le problème, il s'agit plutôt de la satisfaction de l'entraide, de sorte qu'en fin de compte, le gain de la coopération est plus important que la perte du conflit. Même en dehors de ce monde plutôt difficile à saisir, l'idée peut être appliquée aux individus. L'idée derrière la méthode de Harvard requiert ici le degré de créativité mentionné, mais peut ainsi ouvrir des portes et conclure des partenariats. Parce que les parties en conflit souffrent du même problème, la résolution de celui-ci peut également profiter aux deux. Dans cette perspective, les parties sont donc dans le même bateau.

Imaginez que votre entreprise doive une nouvelle livraison d'une certaine marchandise à une autre entreprise que vous fournissez à long terme, en raison d'une erreur du producteur qui vous fournissait à son tour. L'autre entreprise veut absolument cette marchandise, mais vous estimez que vous n'êtes pas responsable des erreurs de votre producteur et que celui-ci n'est de toute façon pas fiable, ce qui vous agace. De plus, vous avez besoin d'être payé pour cette commande, car votre entreprise est en difficulté financière. N'oubliez pas que vous êtes dans le même bateau. Ensuite, cherchez librement des solutions, il n'y a pas de mauvaises idées. Votre partenaire commercial veut de la marchandise, vous ne voulez pas perdre de l'argent. Même si ces intérêts ne sont pas compatibles à première vue, essayez de trouver des moyens pour que vous puissiez en profiter tous les deux.

Vous pourriez par exemple proposer à votre partenaire contractuel d'investir le montant nécessaire dans un autre producteur plus fiable pour vous, de sorte qu'il vous fournisse désormais. Cela pourrait éliminer les problèmes de livraison, ce qui est bon pour les deux. Vous pourriez maintenant livrer votre partenaire en meilleure quantité, il recevrait les marchandises à temps et sans défaut, il paierait donc plus tôt. Ainsi, les deux parties seraient gagnantes à long terme. Vous pourriez également ajouter une part gratuite de marchandises à la prochaine livraison comme incitation supplémentaire. Ainsi, la relation serait préservée, la relation de travail fonctionnerait mieux à long terme et les deux parties en profiteraient financièrement. Ce ne serait bien sûr qu'une des nombreuses possibilités, mais l'idée devient claire. Essayez d'offrir à votre adversaire en conflit quelque chose qui l'attire et cherchez des moyens d'en profiter également, car la coopération offre toujours plus d'avantages que le conflit.

Le quatrième point de la méthode de Harvard fournit des critères d'évaluation pour la solution. Il stipule que la situation et les solutions possibles doivent être évaluées uniquement sur la base de critères objectifs. Les préférences personnelles, les préjugés ou les craintes doivent être laissés de côté. Les critères doivent être objectivement mesurables, c'est-à-dire que les deux parties doivent arriver à la même conclusion sans marge de manœuvre.

Les chiffres, les données et, dans certains cas, les statistiques, qui peuvent être interprétés différemment selon l'intention, sont d'excellents moyens d'y parvenir. Les cas comparatifs peuvent également vous aider à mieux anticiper les conséquences et à catégoriser les scénarios. Suivez ces piliers et déterminez si une idée de solution convient aux deux parties.

Ce point a pour but d'éliminer la subjectivité du conflit. Comme nous l'avons dit plus haut, tout le monde a des préjugés sur sa propre façon de penser, on est convaincu de soi-même. Mais cela n'est possible que si les deux modes de pensée sont évalués sur la base de critères différents. En les évaluant sur la base de critères objectifs sur lesquels les deux parties peuvent s'accorder, il est plus facile de déterminer ce que les intérêts de chacun impliquent et quelle est la meilleure solution. Ainsi, la décision est prise sur la base de faits et non d'émotions.

Vous vous trouvez maintenant dans le scénario suivant : vous et un de vos collaborateurs faites partie de l'équipe d'architecture pour le nouveau bâtiment de l'entreprise. Vous êtes en désaccord sur la couleur à donner aux bureaux. Votre collègue veut que les pièces soient peintes en bleu foncé, vous préférez le blanc et détestez le bleu. C'est donc à vous de trouver les critères pour résoudre ce différend.

Le fait que vous ayez une aversion personnelle pour la couleur bleue ne doit pas être un critère. Vous ne voudriez pas non plus que les préférences de votre collaborateur décident de la couleur du bureau. Recherchez donc des critères objectifs. Tout d'abord, l'aspect financier est toujours un bon début. Combien coûtent les couleurs ? Y a-t-il des différences ? Demandez des devis et vous aurez déjà un critère équitable. Quels sont les autres faits concernant les couleurs des bureaux ?

Cette question peut sembler banale, mais si vous l'étudiez, vous pourriez éventuellement trouver d'autres critères. Comment la couleur affecte-t-elle la lumière et la luminosité de la pièce ? Les deux couleurs souhaitées sont-elles facilement disponibles ou y a-t-il des délais d'attente ? Enfin, les connaissances scientifiques peuvent vous aider. Il convient toutefois de prendre du recul et de s'assurer que les résultats sont unanimes et que vous ne citez pas une seule étude qui étaye votre intérêt. Dans ce cas, il existe d'innombrables études élaborées et unanimes sur l'effet des couleurs des pièces sur les personnes. Citez-les et vous aurez un autre point de référence. En adoptant cette approche, vous vous assurez que les deux parties sont sur la même longueur d'onde et peuvent discuter dans la même perspective.

La dernière étape consiste à explorer les alternatives. La meilleure alternative à un accord est recherchée. Il s'agit de savoir ce qui se passerait en cas d'échec de l'accord, quels seraient les dommages et comment les choses pourraient se dérouler sans accord. Vous devez donc chercher ailleurs et vous préparer à cette éventualité. Cherchez plusieurs alternatives possibles et décidez quelle serait la meilleure pour vous, car dans ce cas, vous n'aurez pas à tenir compte de la volonté de votre adversaire.

Cette étape est importante pour l'approche de Harvard, car elle permet de voir où l'on en est. Il s'agit d'évaluer la valeur d'un accord. Une fois que vous savez de combien vous seriez moins bien sans l'accord, vous avez un cadre. Cela vous donne une marge de manœuvre, car dans ce cadre, vous pouvez désormais discuter librement avec votre adversaire.

L'accord doit se situer quelque part entre votre cas optimal - l'intérêt initial - et la meilleure alternative. S'il se situe en dessous, vous reviendrez à votre meilleure alternative. Vous pouvez ainsi mieux évaluer ce que vous devriez risquer pour un accord. Combien de temps, d'argent et de nerfs vaut-il la peine de sacrifier pour parvenir à un accord ? Votre meilleure alternative n'est-elle que marginalement pire qu'un éventuel accord et les négociations sont-elles très bloquées ? Envisagez de vous retirer. Êtes-vous dépendant d'un accord parce que la meilleure alternative ne vaut rien par rapport à un accord ? Abordez la discussion dans un esprit de compromis, réduisez vos attentes et faites des concessions à votre interlocuteur. Vous disposez d'un outil qui vous permet d'évaluer l'effort nécessaire et de l'ajuster en conséquence. L'objectif est donc toujours de trouver un accord qui soit meilleur que la meilleure alternative à un accord.

Vous souhaitez conclure un contrat pour votre stand de fruits pour 100 kilogrammes de bananes par mois. Or, votre partenaire contractuel a récemment augmenté son prix et demande désormais 90 € par 100 kilogrammes. Auparavant, il était de 70 €. Il ne se montre pas coopératif quant à une éventuelle solution de partage des bénéfices. Dans votre planification précédente, vous aviez toujours un budget de 80 € par mois pour les bananes. C'est pourquoi vous devez négocier votre partenaire à ces 80 €. Commencez par chercher d'autres fournisseurs. Quelle est leur offre ? Est-il possible de négocier avec eux ? Familiarisez-vous également avec une suppression totale. Que se passerait-il si vous ne vendiez plus de bananes ? Pourriez-vous utiliser votre budget à d'autres fins ? Quelles seraient les conséquences sur vos bénéfices ? Ou bien n'y a-t-il pas d'autre solution que d'offrir des bananes dans ce cas ? Vaudrait-il même la peine d'écouler une partie de votre gamme restante pour répondre aux exigences de votre partenaire contractuel ? Tout cela doit être évalué. Prenez conscience de l'importance que vous accordez à l'intérêt dans le conflit en général. Quelle serait la gravité d'un retour à votre meilleure alternative ?

Parallèlement, vous devez également garder à l'esprit que des négociations bloquées pourraient vous coûter cher. Dans ce cas précis, vous devez considérer que si vous comptez sur votre partenaire contractuel, vous pourriez manquer un mois de livraison en raison d'un désaccord persistant. Supposons que votre meilleure alternative soit d'ajuster légèrement votre budget et d'acheter 100 kilos de bananes à 85 € auprès d'un autre fournisseur tout aussi peu enclin à négocier.

Il doit alors être clair pour vous que vous ne pouvez en aucun cas manquer la livraison mensuelle. Essayez donc de trouver un accord avec votre partenaire initial, entre 70 et 85 euros, sans dépasser le mois. C'est le cadre dans lequel vous pouvez agir. Revenons sur les cinq points du concept de Harvard avant de les appliquer de manière globale à un dernier exemple. Tout d'abord, concentrez-vous sur le problème sans vous projeter sur la personne. Restez sobre et ne devenez pas personnel, il s'agit de résoudre un conflit et non de changer une personne. Ensuite, concentrez-vous sur votre intérêt et celui de la personne en face de vous. Laissez de côté les positions et les croyances sous-jacentes et portez votre attention sur la situation spécifique et les objectifs des deux parties pour l'avenir.

Cherchez ensuite des moyens de concilier ces intérêts. L'idéal est que les deux parties s'en sortent mieux qu'avant le conflit. Pour ce faire, recherchez différentes solutions, évaluez-les et soumettez-les à votre partenaire. Afin de garantir une discussion équitable et mesurable, établissez après le point quatre des critères objectifs permettant d'évaluer le conflit, les intérêts et les solutions. Ces critères doivent être accessibles aux deux parties et réellement mesurables. Enfin, recherchez des alternatives à un accord en dehors du conflit et trouvez la meilleure. Pour ce faire, vous devez élaborer différentes variantes et choisir la meilleure d'entre elles. Ce cadre entre l'intérêt et l'alternative vous permet d'identifier la valeur d'un accord et ainsi d'évaluer dans quelle mesure vous accordez de l'importance à la personne impliquée dans le conflit. C'est finalement de cette manière que vous parviendrez à un accord.

Nous l'appliquons enfin à un exemple, de manière à vous familiariser avec l'ensemble du processus. Le cas est simple et rapide à expliquer : vous demandez à votre patron une augmentation de salaire. Auparavant, vous gagniez 2 500 euros par mois, mais vous demandez maintenant 3 000 euros. Votre patron estime que vous ne travaillez pas là depuis assez longtemps et qu'une augmentation de salaire se mérite longuement et difficilement. Vous estimez au contraire que vous l'auriez déjà méritée depuis longtemps, car vous avez conclu de nombreux deals ces derniers temps et apporté divers nouveaux clients à l'entreprise. Le manque de considération vous dérange et, à vos yeux, il est temps que votre valeur pour l'entreprise soit reconnue et se traduise financièrement. Mais votre patron vous dit que vous avez surtout eu de la chance dans vos derniers contrats.

Appliquez l'étape 1. Le problème ici est que vous n'obtenez pas l'augmentation de salaire souhaitée parce que votre patron pense que vous ne la méritez pas encore. Cela doit être votre point de mire lorsque vous essayez de résoudre le conflit. Peu importe que vous le trouviez ingrat et que vous trouviez ses opinions dépassées et ralentissantes. Ce n'est pas un facteur dans ce conflit et cela ne mène à rien. Vous devez donc vous concentrer méticuleusement dès le début sur le fait de ne pas devenir personnel. Il ne s'agit pas de votre patron, mais d'une éventuelle augmentation de salaire. Les préférences personnelles doivent être laissées de côté, car une fois que vous êtes devenu personnel, la base de la discussion peut déjà être brisée. Votre patron pourrait alors prendre toute critique pour lui, ce qui aurait pour conséquence de faire entrer l'émotion dans le jeu, de priver les parties de leur objectivité et de les empêcher de parvenir à une solution. En conséquence, concentrez-vous sur le problème de l'augmentation de salaire.

Poursuivez avec l'étape deux : concentrez-vous sur les intérêts plutôt que sur les postes. Pour cela, commencez par spécifier les intérêts. Vous voulez une augmentation de salaire. Votre patron ne le veut pas. Il veut économiser de l'argent et garder l'idée qu'une augmentation de salaire est quelque chose qui se mérite. Il n'est pas important de savoir pourquoi il pense ainsi et de quelle attitude fondamentale cet intérêt est né. Mais votre propre position de base sur les augmentations de salaire n'est pas non plus déterminante. Il s'agit uniquement de ce cas particulier et de ce que vous voulez tous deux retirer de ce conflit. Dans ce scénario, il est donc préférable de se concentrer sur les simples intérêts contradictoires : Augmentation de salaire contre refus d'augmentation.

À ce stade, vous avez éliminé les principaux points de discorde, retiré beaucoup d'émotion du conflit et fait des pas importants vers une base de discussion saine. Ensuite, il s'agit d'aborder le contenu. Vous avez concrétisé vos deux intérêts, vous devez maintenant essayer de les concilier. Commencez par rechercher les différentes solutions possibles. Que diriez-vous d'un accord au milieu, autour de 2.700 € ? Y a-t-il quelque chose en dehors de cette solution conventionnelle qui pourrait être envisagé ?

Que se passe-t-il si vous recevez les 3.000 €, mais que vous signez en échange un contrat de travail plus long et que vous remettez ainsi en quelque sorte la condition posée par votre supérieur de travailler longtemps ? Un poste légèrement différent est-il envisageable ? Pouvez-vous ajuster vos horaires de travail ? Peut-être qu'une voiture de société serait une compensation suffisante ? Avez-vous suffisamment confiance en vous pour faire une sorte de pari ? Par exemple, vous pourriez demander l'augmentation de salaire souhaitée à condition de conclure 3 autres deals pendant le reste de l'année. En général, votre créativité n'a pas de limites. Tout est possible, prenez donc en compte toutes ces idées et choisissez l'option qui vous semble la meilleure. N'oubliez pas d'impliquer votre partenaire afin que ses intérêts soient également pris en compte. La plupart du temps, il est possible de trouver une situation qui profite économiquement aux deux. C'est ce qu'il faut trouver. Avec la clé de la créativité et les deux intérêts en tête, c'est rapidement réalisable.

Pour vous aider à évaluer ces idées, à classer les intérêts et à déterminer ce qui est en jeu dans le conflit global et ce qui doit jouer un rôle, il est important de se mettre d'accord sur des critères. Ceux-ci doivent être objectifs et accessibles aux deux parties. Ne vous contentez pas de dire que vous avez bien travaillé, mais faites-le en fonction de chiffres. Combien de contrats conclus ? Combien de chiffre d'affaires généré ? D'autre part, il est tout aussi important de présenter les intérêts de votre patron de manière mesurable. Depuis combien de temps travaillez-vous dans l'entreprise ? Avez-vous déjà eu une augmentation de salaire ? Il est également utile d'établir des précédents et des comparaisons afin de mieux évaluer la situation. Quel est le salaire normal d'un employé de votre position dans l'entreprise ? Au bout de combien d'années les augmentations de salaire ont-elles lieu en moyenne dans cette entreprise ? Une fois que vous vous êtes mis d'accord sur ces critères, vous pouvez mieux discuter au même niveau, la subjectivité est éliminée et les idées de solutions sont plus mesurables en fonction de leurs avantages pour les parties.

Enfin, vous recherchez des alternatives. Parallèlement à la recherche de solutions, il s'agit pour l'instant de faire preuve de créativité et de multiplier les possibilités. Avez-vous d'autres offres d'emploi ? Existe-t-il des postes vacants comparables et mieux rémunérés ? Vous devriez peut-être déjà postuler auprès de certaines entreprises. Votre meilleure alternative est-elle néanmoins de rester dans l'entreprise et de continuer à gagner 2.500 euros par mois ? Évaluez ces alternatives et choisissez celle qui vous convient le mieux. Prenez également en compte les facteurs temporels, par exemple si vous devez rester sans salaire pendant un certain temps si vous changez d'emploi. Supposons que vous ayez une offre d'emploi qui vous permettrait de gagner 2 600 euros, toutes choses égales par ailleurs, cela constitue votre cadre. Vous savez maintenant que vous devriez demander au moins 2 600 €. Vous avez établi des critères qui vous permettent de mieux mesurer votre valeur pour l'entreprise. Vous avez créé une base de discussion exempte d'émotion et de chaleur. Il ne reste donc plus qu'à essayer de surenchérir sur votre meilleure alternative. Mais vous savez aussi qu'il ne vaut pas la peine de poursuivre la discussion pendant des mois, puisque vous avez une bonne alternative. Vous avez donc rempli toutes les conditions et pouvez résoudre le conflit soit en trouvant un accord, soit en vous retirant et en changeant d'entreprise.

Que faut-il retenir du concept de Harvard ? Le concept de Harvard a une approche très sobre et met l'accent sur le progrès économique, c'est pourquoi il est également utilisé dans ce domaine. Il vous montre des méthodes pour éliminer l'émotion et les points de vue subjectifs, et vous aide ensuite à résoudre le conflit à l'aide d'outils objectifs. Il mesure également la valeur de cette discussion et vous indique combien vous devez investir. Il est important de garder à l'esprit le fait de poser les bases d'une discussion, car cela peut également être utile en dehors du cadre professionnel et commercial. Laissez de côté les personnes et les positions, pensez de manière ciblée et essayez de garantir l'objectivité. L'approche orientée vers les solutions est positive dans la mesure où elle évite de s'enfermer dans des problèmes présents ou des aversions passées. Le point de vue est impersonnel et rationnel.

Si vous placez le concept dans le contexte pour lequel il a été conçu, il peut vous aider à mener plus rapidement une discussion efficace et à éviter les discussions de principe, les disputes ou les conflits basés sur des préférences subjectives. Une fois que vous avez atteint ce point, la méthode de Harvard peut vous aider à rechercher des développements et des bénéfices mutuels. Dans la mesure du possible, vous devriez toujours créer un cadre de négociation, car cela vous permettra d'éviter plus rapidement les conflits sans valeur et qui vous retiennent. Il faut donc toujours se baser sur le pire des scénarios et le meilleur des scénarios. En résumé, il est particulièrement important de garder à l'esprit la création d'une base de discussion et l'orientation vers l'avenir, et de les appliquer plus ou moins selon la situation.

Bien sûr, il ne faut pas oublier que le concept de Harvard est conçu pour les litiges juridiques internationaux et autres et qu'il ne s'applique donc pas toujours parfaitement à d'autres situations. Si vous vous disputez avec un parent à propos d'une discussion de principe, il n'est pas forcément possible de résoudre le problème en augmentant la taille du gâteau. Bien que le concept de Harvard puisse être utile dans de tels scénarios, il est important de considérer le modèle pour ce qu'il est : une approche du progrès économique. Il néglige les relations sociales, ne tient pas pleinement compte de la difficulté d'être objectif en cas de conflit dans un mariage, par exemple, et n'accorde pas d'importance à la préservation des sympathies et des affections, mais uniquement aux relations commerciales.

Le fait que l'approche sobre et le processus d'évaluation, souvent brutal et absolu en raison de critères objectifs, puissent être préjudiciables est également passé sous silence. Si l'un des conjoints se plaint du manque d'effort de l'autre, il vaut mieux ne pas comparer l'argent apporté, le nombre d'aspirateurs passés par semaine ou d'autres mariages.

Les relations interpersonnelles exigent souvent de la sensibilité et de la considération. En outre, l'une des faiblesses de la méthode est que, bien qu'elle ouvre la voie à la recherche d'une solution, il y aura toujours des situations dans lesquelles les instruments donnés ne permettent pas d'avancer et où aucune solution ne semble être en vue. Même si la meilleure alternative est trouvée, il existe des conflits dans lesquels la meilleure alternative n'est pas possible ou est tellement pire qu'il est pratiquement impossible d'éviter le conflit. Pour reprendre l'exemple des époux, le divorce comme meilleure alternative est si dévastateur pour la vie des deux parties qu'il est pratiquement impossible de l'envisager en cas de conflit, ce qui signifie que dans la plupart des cas, le conflit doit être affronté.

De plus, le concept de Harvard repose en grande partie sur la créativité - notez le processus de recherche de solutions et de meilleures alternatives. Or, il s'agit d'un don que tout le monde n'a pas et sans lequel on se retrouve souvent vide dans le concept. Comment résoudre le conflit sans moyens créatifs ? Dans ce cas, peu de moyens sont donnés pour le résoudre.

Le modèle de Harvard amène les personnes en conflit à un point à partir duquel il est possible de réfléchir et de discuter de solutions, mais ne propose pas de méthodes spécifiques pour les trouver et les élaborer. D'une part, la recherche d'une situation gagnant-gagnant est sans aucun doute une bonne idée, mais d'autre part, cela n'est pas toujours facile et il n'existe pas toujours de solution optimale qui profite à toutes les parties. Dans ces situations, il est difficile d'aller plus loin avec l'approche de Harvard. En conclusion, l'approche de Harvard ne s'applique pas toujours à toutes les situations, elle néglige les aspects sociaux et les problèmes interpersonnels et accorde donc moins d'importance à la pérennité de ces relations, elle n'offre guère de méthodologie permettant d'élaborer effectivement les solutions et elle repose en grande partie sur la créativité.

MÉDIATION

Comme vous pouvez le constater, la méthode de Harvard a ses avantages et ses inconvénients, mais vous pouvez toujours apprendre quelque chose d'elle. Néanmoins, il est certainement utile de recourir à un modèle plus adapté aux conflits quotidiens de la vie. Une telle méthode, applicable à tous les domaines de la vie, est la médiation. Elle consiste à mettre un médiateur à la disposition des parties en conflit afin de les guider et de les accompagner dans la recherche d'une solution. Il ne s'occupe pas du contenu, mais uniquement de la procédure, et il est là pour garantir un débat civilisé et efficace. Le concept de Harvard est une forme de médiation qui, comme nous l'avons vu, se concentre sur le domaine économique.

De même, il existe des formes de médiation adaptées au domaine de la famille ou de l'école. Étant donné que dans ces contextes, les relations personnelles sont au premier plan, l'accent est davantage mis sur les aspects interpersonnels. Cela signifie que l'on accorde plus d'importance aux sentiments de l'autre personne et que l'on tient davantage compte de ses opinions et de ses traits de caractère. Le médiateur y veille en donnant aux deux parties, à certaines étapes, la liberté de s'exprimer et de s'expliquer.

L'empathie de l'autre est ainsi sollicitée et les deux se sentent pris au sérieux et respectés, de sorte que le seuil de frustration augmente et que les émotions sont prises en charge. Vous ne voudrez pas faire appel à un médiateur pour chaque conflit, sinon vous n'auriez probablement jamais lu ce livre. C'est pourquoi les étapes et les procédures abordées ci-dessous sont utiles même sans médiateur, si vous les appliquez vous-même, et elles vous permettront de considérer le conflit du point de vue d'un médiateur et de créer ainsi l'espace nécessaire aux deux parties.

La première étape de la médiation consiste à établir des règles de discussion de base et à créer un plan pour le processus. Cela sert de base à une discussion appropriée et donne aux parties des repères à partir desquels elles peuvent agir et retenir les adversaires. En outre, cela permet à chacun de savoir à quoi s'attendre et d'éviter les mauvaises surprises.

Sans médiateur, il peut être un peu plus difficile de mettre en place ce système, mais il faut garder à l'esprit que les règles doivent rester très basiques. Cela signifie par exemple qu'il ne faut pas élever la voix, que chacun doit pouvoir s'exprimer et que les sentiments de l'autre doivent être respectés. Sans médiateur, la règle est la même : Si votre partenaire ne s'engage pas dans de telles conditions, vous ne devriez pas continuer à discuter avec lui, mais plutôt l'éviter. Mais comme ces orientations sont dans l'intérêt de toutes les parties, il est peu probable que quelqu'un s'y oppose.

Ensuite, chaque partie a le temps d'exposer les points litigieux, les faits et les préoccupations. Chacun peut décrire le conflit de son point de vue, mentionner ce qui le dérange ou ce qui est particulièrement important pour lui. Il est ainsi plus facile pour chacun de se mettre à la place de l'autre et les points de désaccord deviennent assez rapidement clairs, car c'est là où les points de vue et les perceptions divergent le plus que se trouve le plus grand potentiel de conflit. C'est précisément là qu'il est essentiel que chacun ait le temps de s'exprimer. Cette étape est particulièrement importante dans les médiations scolaires. Il peut être parfois difficile pour l'autre de raconter quelque chose que vous avez perçu de manière totalement différente, mais il est extrêmement important de le laisser s'exprimer. Il se sentira ainsi écouté et respecté, sans quoi la frustration augmentera.

La troisième étape consiste à rassembler tout ce qui peut être trouvé sur un point conflictuel du litige : Faits, données, informations et sentiments subjectifs. Il s'agit avant tout d'éclairer le conflit sous tous les angles. Certaines méthodes de l'approche de Harvard sont également utilisées ici. Il est par exemple recommandé d'établir des critères et de se concentrer sur les intérêts. Cela permet d'identifier les principaux objectifs des parties et, si possible, les émotions sous-jacentes. Cela est plus difficile dans le domaine interpersonnel que dans le domaine économique. En effet, les émotions peuvent souvent être cachées à toutes les parties impliquées et ont un effet plutôt subconscient sur le comportement de la personne concernée. En faisant émerger et en exprimant tout ce qui entoure le conflit, les intérêts et les sentiments des personnes peuvent être clairement définis. Cela permet également de dissiper les malentendus. Cela permet à chacun de savoir où il en est, pour lui-même et pour les autres, et d'œuvrer à une solution.

L'avant-dernière étape consiste à rassembler des solutions. Cette étape est similaire à la troisième étape de Harvard, mais elle diffère en ce sens que l'accent est davantage mis sur l'échange et que les idées sont lancées, élaborées et évaluées dans le cadre d'un débat ouvert. Il s'agit d'une coopération qui devrait être rendue possible par les étapes précédentes visant à rapprocher les parties en conflit.

Un médiateur insisterait toujours sur la considération et veillerait à ce que les deux parties puissent être également satisfaites de la solution. C'est sans doute plus difficile sans un médiateur, mais c'est néanmoins possible grâce aux étapes précédentes, si les deux parties sont prêtes à faire preuve d'empathie et de respect dans leurs réflexions. Les idées qui ne sont pas rejetées sont mises de côté pour être comparées avec les autres solutions jusqu'à ce que la meilleure option soit trouvée.

Enfin, les résultats sont consignés. Selon les circonstances, cela peut se faire par écrit ou par oral. Sur le lieu de travail, l'écrit est recommandé, alors que dans la vie privée, un accord oral peut suffire. L'essentiel est que les étapes à suivre et les éventuelles obligations des parties soient consignées, afin que l'autre partie puisse mieux les faire valoir et que toutes les parties soient sûres de s'entendre sur la même chose et qu'il n'y ait pas de malentendu. Un accord formel engage davantage à le respecter.

Il est important que la formulation soit détaillée et précise, qu'elle laisse le moins de marge possible et qu'elle tienne compte des deux parties de manière égale. A ce stade, il n'y a plus de négociation, car la solution a déjà été élaborée à l'étape quatre, et seule l'inscription de cette solution est importante. Il est toutefois recommandé que les deux parties soient présentes afin que personne ne se sente trahi ou désavantagé et que tout soit pris en compte.

Comme vous pouvez le constater, il existe certaines similitudes avec le concept de Harvard. En prenant un peu plus de temps, ce qui ne serait probablement pas le cas dans des conditions purement économiques, les participants ont plus d'espace pour exprimer leurs intérêts et leurs sentiments. Le point positif est que tout le monde se sent respecté et que cette simple astuce peut dissiper une grande partie de l'antipathie liée à un conflit privé ou même familial.

L'approche de la recherche de solutions est également très positive. En rassemblant sobrement tous les éléments pertinents lors de la première étape, les parties se retrouvent du même côté et travaillent ensemble pour résoudre le conflit. Après la deuxième étape, les parties en conflit se familiarisent encore plus avec le point de vue de l'autre, elles se comprennent et recherchent un consensus. L'approche consistant à trouver des solutions par le dialogue et l'échange plutôt que par le gain économique garantit que les deux parties sont satisfaites personnellement et pas seulement du point de vue du produit final objectif. Enfin, il est préférable de garder à l'esprit l'idée d'une transcription du résultat, qui sera plus facile à mettre en œuvre.

D'un autre côté, il faut aussi noter quelques inconvénients de la médiation. Le plus important est qu'un médiateur est nécessaire pour une médiation classique. Chaque étape devient un plus grand obstacle si elle est effectuée sans médiateur. Par conséquent, ce qui vient d'être décrit doit être considéré comme une orientation ou une inspiration sur la manière de gérer un conflit plus personnel. En outre, cette méthode prend parfois beaucoup de temps et il peut être épuisant d'écouter la version de son interlocuteur avec laquelle on n'est pas du tout d'accord.

Comme dans l'approche de Harvard, un autre problème réside dans le fait que la recherche de solutions se fait sans beaucoup de conseils. La recherche de solutions en équipe est certes utile, mais si la situation est désespérée, il faut faire preuve de créativité, sans laquelle on ne peut pas avancer. Selon le comportement de votre interlocuteur, ces obstacles peuvent être plus ou moins importants, voire insurmontables s'il se met en travers. La médiation, comme toutes les approches, doit être considérée comme relative, car aucune approche de résolution de conflit ne peut se passer d'un partenaire de négociation totalement non coopératif.

Dans l'ensemble, la médiation offre donc une approche utile pour la résolution de conflits dans un contexte interpersonnel, mais elle doit être considérée avec distance en raison de ses défauts. Il n'en reste pas moins que l'on peut retenir les approches qui permettent de donner à l'autre un sentiment de respect, ainsi que la recherche commune de solutions basée sur l'empathie.

Maintenant que vous avez eu un aperçu des approches et des recherches actuelles, vous avez dû comprendre la complexité du sujet. Il n'existe tout simplement pas de bonne méthode universelle. C'est le problème des instructions simples étape par étape : Elles sont soit trop ouvertes et vagues, soit si spécifiques que l'étape la plus importante est d'abord de savoir si vous pouvez les appliquer.

Par conséquent, l'essentiel de ce que vous pouvez retirer de ce livre réside dans les valeurs et les modes de pensée que les approches utilisent. Ainsi, vous pouvez utiliser l'empathie, l'objectivité dans l'évaluation - par exemple à l'aide de critères - ou la pondération et la prise en compte sobres des options qui vous sont offertes comme des instruments dans les situations problématiques. Pour illustrer cela, nous vous donnons ci-dessous une orientation générale à laquelle vous pouvez vous référer en cas de conflit et que vous pouvez utiliser librement et de manière structurellement détachée ou proche de la structure initiale. Il ne s'agit pas de créer un guide qui vous permettrait de résoudre n'importe quel conflit à l'aveuglette, mais plutôt d'être en mesure de classer le conflit et de le résoudre ensuite à l'aide des outils que vous avez appris à connaître.

C'est pourquoi il est essentiel de les assimiler et de les appliquer, car aucun guide ne peut résoudre automatiquement une dispute. Mais vous n'aurez aucun mal à le faire une fois que vous vous serez familiarisé avec le sujet et que vous aurez pris le temps de l'étudier, de sorte que la routine et la sérénité s'installeront rapidement.

Pour simplifier, cette orientation doit vous aider à tirer le meilleur parti du conflit. Il s'agirait bien sûr d'atteindre vos intérêts et de rétablir l'harmonie entre les parties. Dans un premier temps, l'objectif est d'obtenir le plus possible de ces deux aspects. Cependant, il y aura toujours des situations où l'harmonie absolue et la réalisation de tous vos intérêts ne seront pas totalement compatibles. Ce guide vous aide d'abord à rendre votre partenaire de conflit aussi coopératif que possible, puis vous aide à trouver un équilibre entre les deux aspects et à décider sur cette base comment et avec quelle pondération vos intérêts seront pris en compte.

Enfin, vous serez guidé dans votre démarche afin de pouvoir décider plus sereinement de la meilleure option - discuter jusqu'au bout, faire des concessions, éviter le conflit et aller voir ailleurs, etc. Les origines des conflits sont abordées et les méthodes expliquées sont intégrées afin de créer une procédure aussi pratique, applicable à grande échelle et équilibrée que possible. Il convient de noter que le succès dépend toujours de facteurs externes et surtout de la personne en face de vous, mais cette méthode ne vous permettra en aucun cas de faire fausse route ou d'aggraver la situation. Elle ne sert qu'à obtenir le meilleur résultat possible - ce qui dépend de chaque cas particulier.

Alors, comment agissez-vous dans une situation de conflit ? Il existe un désaccord entre vous et une autre personne, qui pourrait déboucher sur une dispute ou qui a déjà éclaté. Vous souhaitez le résoudre. Pour ce faire, faites passer vos émotions, vos intérêts et vos objectifs au second plan et engagez la conversation. Peu importe ce qui a été dit, de quoi il s'agit ou à qui vous parlez. Votre première priorité est d'instaurer une culture de la discussion saine, sur laquelle vous pourrez ensuite vous appuyer. Il s'agit de votre premier point de repère : créer une base de discussion. Quelle que soit la situation, vous ne serez jamais désavantagé pour avoir pris soin d'en créer une. Même si vous vous êtes trompé et qu'il n'y a pas de conflit, cette étape ne brisera rien.

Pour établir cette base de discussion, vous devez d'abord désamorcer la situation. Cette étape peut vous demander le plus d'efforts si votre adversaire et vous êtes déjà en conflit et que les émotions sont en jeu. Vous vous rappelez que les émotions sont les principaux déclencheurs de disputes et qu'il faut donc les retirer de la conversation. Sautez donc par-dessus votre épaule et allez à la rencontre de votre interlocuteur. Comme dans la médiation, donnez-lui la possibilité de s'exprimer et d'exposer son point de vue. Écoutez-le, ne l'interrompez pas et donnez-lui le sentiment d'être respecté et entendu. Cela peut vous paraître rébarbatif au départ, mais cela vous sera bénéfique à long terme. En effet, vous pourrez ensuite demander à être entendu brièvement.

La probabilité que l'autre personne vous écoute augmente considérablement si vous avez fait le premier pas et lui avez donné le bénéfice du doute. Cette première étape enlève beaucoup d'âpreté et de volume à la conversation et peut déjà clarifier les premières questions ou les premiers malentendus ; les deux parties se rencontrent ainsi avec respect et sur un pied d'égalité.

Bien entendu, vous n'avez pas besoin d'interrompre la conversation pour laisser l'autre personne plaider sa cause pendant cinq minutes. Ce respect de base peut également être imposé de manière plus subtile en commençant à l'écouter plus attentivement et en le lui faisant sentir. Vous remarquerez que, dans la plupart des cas, votre interlocuteur reproduira automatiquement ce comportement. S'il ne le fait pas, il peut être utile de le lui faire remarquer et de lui demander de changer, car vous le laissez également s'exprimer et le traitez avec respect.

L'empathie est une autre condition préalable à la base de la discussion. Cela n'adoucira pas immédiatement votre interlocuteur, mais sera utile dans la mesure où vous pourrez garder la tête froide et éviter des désaccords inutiles dans le conflit. Demandez-vous donc s'il peut avoir raison sur certains points, s'il a des motivations et des intentions positives ou si vous pouvez au moins le comprendre. Souvent, les conflits naissent de la même intention de deux personnes, mais celle-ci est alors opposée. L'exemple le plus simple est celui de deux personnes qui veulent à peu près la même chose.

D'autre part, il se peut aussi que deux personnes bénéficient du même cas mais ne le reconnaissent pas par manque d'empathie. Dans les deux cas, le fait de se mettre à la place de l'autre permet d'éliminer les aversions et de créer des liens. Cela donne moins l'impression que vous êtes tous les deux des adversaires, mais plutôt que vous êtes des partenaires dans la même situation difficile. Cela peut également amener votre partenaire, comme dans le cas d'une écoute attentive, à prendre en compte votre comportement et à essayer de comprendre votre situation. Dans tous les cas, les différences sont comblées. Cependant, comme vous pouvez le constater, le premier pilier d'orientation exige une certaine grandeur de votre part, car vous devez généralement faire le premier pas. Si cela vous semble particulièrement difficile, rappelez-vous toujours que vous le faites pour vous et que vous en tirez vous-même profit. Là encore, il n'est pas nécessaire de suivre un schéma strict. Il est simplement utile de garder à l'esprit la question de savoir si vous pouvez comprendre votre interlocuteur.

La dernière étape vers une base de discussion saine et productive consiste à renforcer encore l'empathie et à essayer de trouver des points communs à partir desquels le reste peut être clarifié. Imaginez que l'on commence par laisser derrière soi tout ce qui est en trop. L'objectif est d'éviter que vous ne vous retrouviez dans une dispute sur un sujet spécifique, dans des débats de fond sur lesquels vous pourriez être d'accord.

En même temps, on trouve le cœur des divergences thématiques. Pour ce faire, vous pouvez demander à votre interlocuteur s'il est d'accord au moins sur des choses tout à fait fondamentales. Cela permet de resserrer le cercle du conflit et d'éviter les discussions inutiles. De plus, vous continuez à vous rapprocher et pouvez argumenter et clarifier les différences à partir de cette vision commune. Alors qu'à l'étape de l'empathie, vous vous remettiez en question et vous vous contentiez, vous clarifiez ici, dans le cadre d'une discussion ouverte, ce sur quoi vous êtes d'accord, quel est le cœur du conflit et quelles discussions sont superflues. Vous pouvez par exemple faire cette remarque si vous avez l'impression que l'autre personne essaie de vous convaincre de quelque chose que vous croyez déjà, ou si elle se perd dans une évidence et fait ainsi traîner la discussion.

Une question ou une affirmation rapide peut ainsi créer un terrain d'entente. Veillez toutefois à le faire de manière respectueuse, sinon elle pourrait le prendre comme une insulte. Vous pouvez également établir des critères communs selon la méthode de Harvard et ainsi argumenter de manière plus objective. Cela élimine une autre source de conflit avec le point de vue subjectif d'une personne et rapproche les parties. Cela garantit une base saine pour une discussion efficace.

Le deuxième pilier central de l'orientation est la classification du conflit. En vous rappelant ce qui est important pour vous, vous pouvez mieux décider de la marche à suivre. Il s'agit ici de déterminer ce que vous espérez retirer du conflit, ce que vous avez à perdre et votre position vis-à-vis de l'autre partie. La question centrale pour ce point est de savoir comment vous pondérez les différents intérêts. Souvent, les acteurs ne sont pas pleinement conscients de l'enjeu, il est donc utile de le préciser. Ce n'est qu'ainsi que vous pourrez ensuite évaluer les risques et planifier l'issue du conflit en conséquence.

Pour y parvenir, vous devez d'abord prendre en compte tous vos intérêts. Revenez à l'objectif initial avec lequel vous êtes entré en conflit. Il est possible que d'autres objectifs soient apparus pendant le conflit, mais il faut alors se demander s'ils ne sont pas le fruit du feu de l'action.

Il faut donc toujours faire la différence entre les intérêts objectivement utiles, qui sont bénéfiques à long terme, et les objectifs subjectifs, qui sont plutôt une question de droit, de revanche ou d'aversion. Examinez donc calmement et avec concentration vos objectifs et évaluez ce qui est vraiment décisif pour vous. A ce stade, vous pouvez également faire une sélection ou établir des priorités. Toutefois, cette étape se limite dans un premier temps à des intérêts objectifs et de fond. Il peut arriver que vous réalisiez que votre intérêt réel n'est déjà plus accessible à cause du conflit ou qu'il a complètement disparu. Pour éviter des conflits inutiles dans de telles situations, il est utile de se concentrer sur ces intérêts.

En revanche, votre relation avec l'autre partie est différente. Que représente-t-il pour vous, quel type de relation existe-t-il, que signifierait pour vous une détérioration de celle-ci ? Vous devez être particulièrement prudent en ce qui concerne les relations de dépendance et les garder à l'esprit, sinon vous risquez de vous retrouver dans une situation précaire. La prudence s'impose également en cas de relations particulièrement personnelles ou intimes, car celles-ci s'accompagnent souvent, au moins indirectement, d'une dépendance émotionnelle.

Il convient également de noter que l'ampleur de la détérioration de la relation avec l'autre personne n'est souvent pas visible au premier coup d'œil. Il est donc préférable d'éviter à tout prix une rupture totale, car on ne peut jamais savoir comment cela pourrait se retourner contre vous. Prenez conscience de toutes les conséquences possibles et visibles d'une relation brisée et gardez toujours à l'esprit qu'une situation encore plus grave est possible.

Il s'agit ensuite de comparer et d'évaluer la relation avec le partenaire en conflit et votre propre intérêt dans le conflit. Quelle est leur importance et à quoi devriez-vous accorder plus d'importance ? Il n'est pas nécessaire de prendre une décision absolue, c'est-à-dire d'abandonner l'un ou l'autre. Il s'agit plutôt de les mettre en balance. En d'autres termes, qu'est-ce qui serait le plus important en cas de doute et où êtes-vous prêt à faire des concessions plus importantes ?

L'objectif est d'avoir une meilleure idée de ce qui est en jeu et de pouvoir décider de la marche à suivre en fonction de cela. Souvent, il apparaît clairement que le conflit ne vaut pas la peine de mettre la relation en danger ou que votre intérêt n'a pas d'alternative et qu'il n'est pas possible de tenir compte de la relation.

Cependant, ne vous précipitez pas sur les décisions finales et essayez ensuite de trouver la meilleure solution pour les deux parties. Cela vous donne également une marge de manœuvre pour savoir jusqu'où vous pouvez insister sur l'intérêt sans nuire gravement à la relation et jusqu'où vous pouvez maintenir l'harmonie sans renoncer à vos principes et sans vous nuire à vous-même. Dans le meilleur des cas, cela vous permettra d'identifier un point d'inflexion où les bénéfices seront les plus importants pour les deux parties. Par exemple, vous vous rendez compte que vous avez le plus à gagner en réduisant votre intérêt de moitié, ce qui ne nuit que marginalement à la relation. Si vous continuez à négliger votre intérêt, il n'en vaut plus la peine et la relation n'en sera guère meilleure, ce qui serait une pire solution. En revanche, si vous insistez davantage sur votre intérêt, la relation sera plus endommagée et les conséquences seront négatives, ce qui est également une mauvaise solution. C'est ce point d'or qu'il faut rechercher.

Le troisième et dernier pilier d'orientation consiste à tirer profit de la base de discussion créée et à mettre en œuvre ce que l'on a appris sur le conflit dans une perspective d'avenir. Ce pilier a pour but d'aider à trouver la meilleure solution et de mettre fin au conflit de manière productive et conciliante. Pour ce faire, il s'inspire de l'approche objective et prospective de Harvard, tout en intégrant des aspects plus personnels et la relation avec le partenaire en conflit. Les coûts matériels et immatériels sont pris en compte afin d'aboutir à une situation équilibrée et bien éclairée pour le plaignant, qu'il peut ensuite résoudre de la meilleure manière possible.

La première chose à faire est de se faire une idée des options disponibles. Pour ce faire, il convient d'examiner les meilleures alternatives, conformément à la méthode de Harvard, afin de créer un cadre pour les négociations. Pour ce faire, incluez des options externes ainsi que des options dans le cadre du conflit. Vous devriez toujours avoir au moins une alternative pour chaque scénario. Quelle est votre meilleure approche si vous devez éviter le conflit sans atteindre vos intérêts ?

Quelle est votre meilleure approche si vous parvenez à imposer votre intérêt de telle sorte que tout lien avec l'autre partie est rompu ? Étant donné que le point d'or évoqué précédemment ne peut pas être atteint dans tous les cas, ces alternatives vous aident à établir une échelle du côté de l'intérêt. Vous pouvez ainsi rechercher la meilleure alternative à la solution que vous souhaitez et, plus généralement, à un accord. L'exigence de créativité, critiquée dans les méthodes précédentes, n'est pas nécessairement présente dans ce concept, car vous pouvez mieux vous orienter vers votre classification des conflits et votre évaluation, ce qui, par manque de créativité, met en relation les alternatives manquantes avec la relation, de sorte que vous pouvez tirer des conclusions immédiates. Néanmoins, il ne fait aucun doute qu'un certain degré de créativité est également un avantage et peut parfois permettre de trouver une échappatoire.

L'approche la meilleure et la plus simple pour trouver d'autres options est de rechercher librement chaque possibilité et de noter tout ce qui vous vient à l'esprit dans un premier temps. Ensuite, vous pouvez faire une sélection et retenir la meilleure alternative. Il est particulièrement difficile de trouver la meilleure alternative dans les conflits où la dépendance émotionnelle vis-à-vis de l'autre partie est très élevée.

A ce stade, il y a deux possibilités : Soit vous ne voyez tout simplement pas d'issue et vous donnez une forte priorité à la relation personnelle par rapport à vos intérêts, soit vous trouvez votre bonheur dans le cadre du conflit. En d'autres termes, vous trouvez, à l'instar du concept de Harvard, une manière d'agrandir le gâteau de sorte que les deux parties soient heureuses en dehors du conflit. Ainsi, il peut être possible de préserver la relation sans régler le conflit, si vous pouvez vous pacifier ailleurs et faire abstraction des différences dans ce domaine spécifique.

Une fois que vous avez déterminé votre meilleure alternative et que vous avez ainsi trouvé le cadre de la négociation ou de la discussion, il faut encore tenir compte du temps que cela prend. Que perdez-vous en laissant le conflit s'éterniser ? Est-ce que la relation se détériore, est-ce que vous perdez des bénéfices, est-ce que vous manquez un rendez-vous ? Si vous êtes pressé par le temps, vous devez savoir que vous êtes au pied du mur et que vous devrez peut-être revoir vos exigences à la baisse.

Il est important de savoir si votre interlocuteur est au courant de ces contraintes de temps. S'il le sait, la seule chose à faire est d'être ouvert et juste dès le départ et de réduire vos exigences. S'il ne le sait pas, il peut être intéressant de prendre le risque, mais cela doit être évalué avec soin. Commencez donc par comprendre ce qu'une négociation prolongée signifie pour vous, si la détérioration potentielle est du côté de la relation ou de l'intérêt, et prenez ensuite en compte ce que l'autre sait. Une fois que vous avez fait cela, vous pouvez ajouter ce risque à votre évaluation de la préservation de la relation et de la réalisation des intérêts, et vous serez ainsi bien préparé pour chaque scénario de négociation.

C'est ainsi que vous pourrez finalement régler le conflit. Cherchez à équilibrer la relation et l'intérêt et veillez à maintenir le rapport de préjudice entre les deux comme vous l'avez fait auparavant. Ainsi, si vous constatez que la relation se détériore au point que vous en subissez un préjudice plus important que si vous vous retranchiez derrière vos intérêts, adaptez votre approche en conséquence. Le résultat au niveau des intérêts ne doit jamais être inférieur à votre meilleure alternative, sinon vous pouvez simplement abandonner le conflit, arrêter de mettre la relation à l'épreuve et poursuivre votre alternative. Il s'agit souvent d'une question de tact et, une fois encore, l'empathie est une vertu essentielle, car c'est la seule façon d'évaluer la situation au niveau relationnel.

Restez calme, continuez à utiliser des méthodes pour maintenir le climat de la discussion et revenez à votre jugement et à votre meilleure alternative. Vous pourrez ainsi résoudre le conflit de manière satisfaisante pour les deux parties. Un exemple final vous permettra d'illustrer ce que vous avez appris et de répondre à vos questions. Imaginez le scénario suivant : vous et un ami êtes de grands amateurs de pizza. Lorsque la dernière pizzeria de votre ville ferme, vous décidez tous les deux d'ouvrir une pizzeria.

La planification se déroule bien, mais un conflit se forme au moment de décider quel four vous allez acheter. Vous êtes fermement convaincu que seul un four en pierre d'environ 5.000 € permet d'obtenir la qualité nécessaire, tandis que votre collègue préfère un modèle moins cher pour environ la moitié, car on ne peut pas sentir la différence.

Créez maintenant une base de discussion. Vous travaillez tous les deux avec passion sur le projet. Celle-ci doit être mise de côté pour le moment. Que vous trouviez honteux pour la culture traditionnelle de la pizza d'utiliser un four métallique et que vous soyez déçu par l'attitude de votre ami n'a aucune importance et doit être mis de côté.

Donnez-lui la possibilité de s'exprimer et d'exposer ses motivations. Faites attention au volume et laissez-le parler. Entre amis, vous pouvez ensuite lui demander de vous écouter, comme vous l'avez fait auparavant. Dès qu'il s'explique, veillez à l'écouter avec empathie et essayez délibérément de le comprendre. Vous partagez la même passion, alors tenez compte de son émotion et restez compréhensif. Vous constaterez que vous avez tous les deux la même motivation et que vous agissez dans des situations similaires. Il est important de mettre en avant ces points communs. Tous deux aiment la pizza et tous deux aiment un type de pizza similaire. Leur seul point de désaccord est la nature du four. Les discussions sur la tradition de la pizza ou autre n'ont pas lieu d'être. Faites donc comprendre à l'autre et à vous-même que vous êtes dans le même bateau, que vous partagez les mêmes intérêts et que vous avez tous deux pour objectif de créer une pizzeria bonne et prospère.

Vous pouvez maintenant avoir une conversation calme et raffinée avec votre partenaire. Concentrez-vous sur vous-même et sur l'objet du conflit. Ce qui vous intéresse, c'est une pizzeria à l'italienne, aussi délicieuse que possible et rentable. Pour cela, vous voulez un four en pierre. Mais celui-ci est finalement plutôt un moyen d'arriver à vos fins. D'un autre côté, votre ami est important pour vous et l'amitié avec une passion partagée est à l'origine du projet et donc aussi une condition préalable à la pizzeria. Faites la part des choses. La relation avec votre ami est ici plus importante, l'intérêt est clairement secondaire. Quelle est la nature exacte de cette relation ? Si vous insistez sur votre intérêt, vous risquez de compromettre votre amitié, ce qui serait une perte pour l'entreprise et pour vous en privé. Si vous négligez votre intérêt, l'amitié restera intacte, la seule perte étant une pizza légèrement plus savoureuse. La question de savoir s'il y a quelque chose entre les deux dépend de l'existence de fours alternatifs. Existe-t-il un point central où le gain général - c'est-à-dire l'intérêt et la relation combinés - est plus élevé ? C'est le point d'or que vous devez viser lors des négociations. Si ce n'est pas le cas, le mieux est de négliger vos intérêts.

A ce stade, il convient de se tourner vers l'avenir et donc de se préparer à une négociation efficace. Commencez par chercher des alternatives du côté des intérêts. Dans ce cas, c'est vite fait.

Si vous ne parvenez pas à vous mettre d'accord sur le four, il ne vous reste plus qu'à ouvrir la pizzeria seul ou à abandonner l'idée. Vous pourriez ouvrir un restaurant sans four à pizza, mais cela n'inclurait pas votre passion pour la pizza et la seule raison pour laquelle vous voulez ouvrir un restaurant disparaîtrait. La meilleure alternative serait alors de ne rien ouvrir, car les coûts seuls seraient plus difficiles à supporter et les autres options supprimeraient soit l'amitié soit la passion. Le coût d'une longue négociation ne serait pas considérable dans ce cas, car il n'y a pas de délai à respecter. Quelle est la marche à suivre ? Un accord est plus ou moins sans alternative, la relation est fortement privilégiée. Il est clair que votre ami est dans la même situation, vous pouvez donc tout à fait négocier. Mais restez calme et ne laissez pas le conflit causer des dommages plus importants qu'un four en métal. En effet, vous pourriez être généralement satisfait de ce résultat, mais il peut néanmoins être utile de discuter avec votre ami. Cela doit toujours rester dans le cadre d'une base de discussion saine.

Vous êtes donc parfaitement préparé à faire face à tout type de conflit. Vous n'obtiendrez pas toujours le résultat que vous souhaitez, mais vous obtiendrez le meilleur résultat possible en fonction des circonstances. J'espère que vous avez retenu quelque chose et que vous vous sentez bien préparé pour les conflits à venir, car il n'y a rien de mal à se retrouver dans de tels conflits. Vous serez surpris de voir combien de fois vous pourrez appliquer ce que vous avez appris dans votre vie quotidienne.

www.ingramcontent.com/pod-product-compliance
Lightning Source LLC
Chambersburg PA
CBHW021759150726
47989CB00004B/1719